VENTE

DU

Samedi 10 Mai 1902

HOTEL DROUOT, SALLE N° 10

à 4 heures précises

Trois Tableaux

de

L'École Française du XVIIIE siècle

Me MAURICE DELESTRE

COMMISSAIRE-PRISEUR

5, rue Saint-Georges

Trois Tableaux

de

L'École Française du XVIIIe Siècle

CONDITIONS DE LA VENTE

Elle sera faite au comptant.

Les adjudicataires paieront 10 p. 100 en sus des enchères.

Les attributions de l'amateur ont été conservées.

L'exposition mettant le public à même de se rendre compte de l'état des tableaux, une fois l'adjudication prononcée, aucune réclamation ne sera admise.

Trois Tableaux

de

L'École Française du XVIIIe Siècle

ŒUVRES DE

Hubert ROBERT et Antoine VESTIER

DONT LA VENTE AURA LIEU

HOTEL DROUOT, SALLE N° 10

Le Samedi 10 Mai 1902

A 4 HEURES PRÉCISES

Par le Ministère de Me **MAURICE DELESTRE**, Commissaire-Priseur

5, RUE SAINT-GEORGES, 5

EXPOSITIONS

Particulière, le vendredi 9 Mai, de 1 h. 1/2 à 6 h.
Publique, le jour de la Vente, de 2 à 4 h.

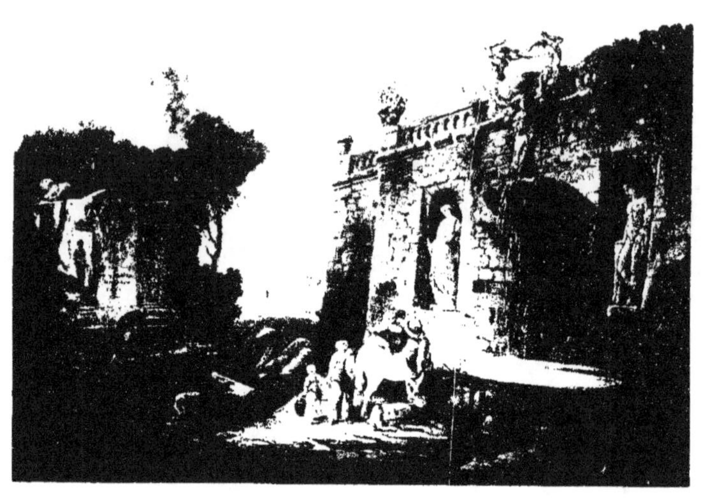

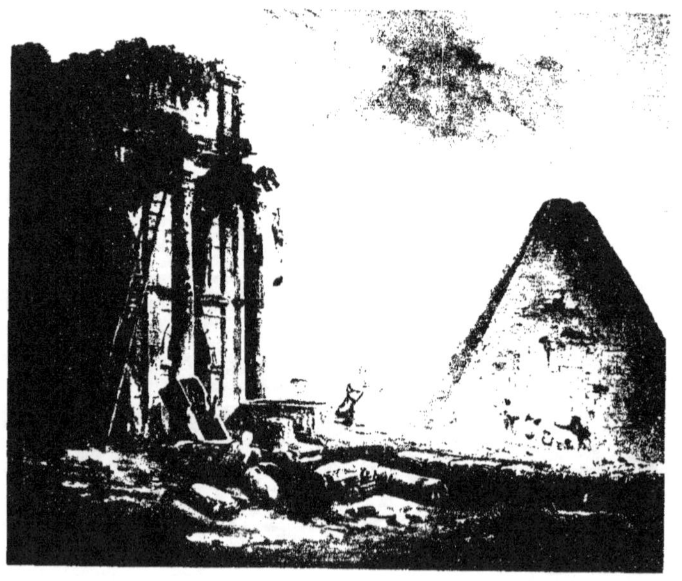

ROBERT (Hubert)

1733-1808

1. — *L'Abreuvoir*.

Une jeune paysanne et deux bambins sur un cheval, font boire leur monture dans la vasque d'une fontaine monumentale.

A gauche, sur la façade d'un mausolée romain en ruines, une inscription fantaisiste portant le nom de l'artiste.

Charmante composition d'une grande franchise de style, de couleur, de lumière et de perspective.

Signé au milieu.

Cadre en bois sculpté et doré.

Toile. H. 0,60. — L. 0,73.

ROBERT (Hubert)

(1733-1808)

2. -- *Le Galant imprudent.*

Au milieu de ruines romaines, une jeune fille vient de cueillir des fleurs. Un jeune imprudent, voulant compléter le bouquet de son amie, a apposé une échelle contre un portique couvert d'une végétation fleurissante et s'est aventuré sur l'entablement délabré qui a cédé sous ses pas. L'infortuné galant tombe dans le vide tenant encore d'une main crispée les fleurs glanées au péril de sa vie.

Trois personnes accourent éperdues à son secours.

Signé à droite.

Cadre en bois sculpté et doré.

(Toile. H. 0,60. — L. 0,73.)

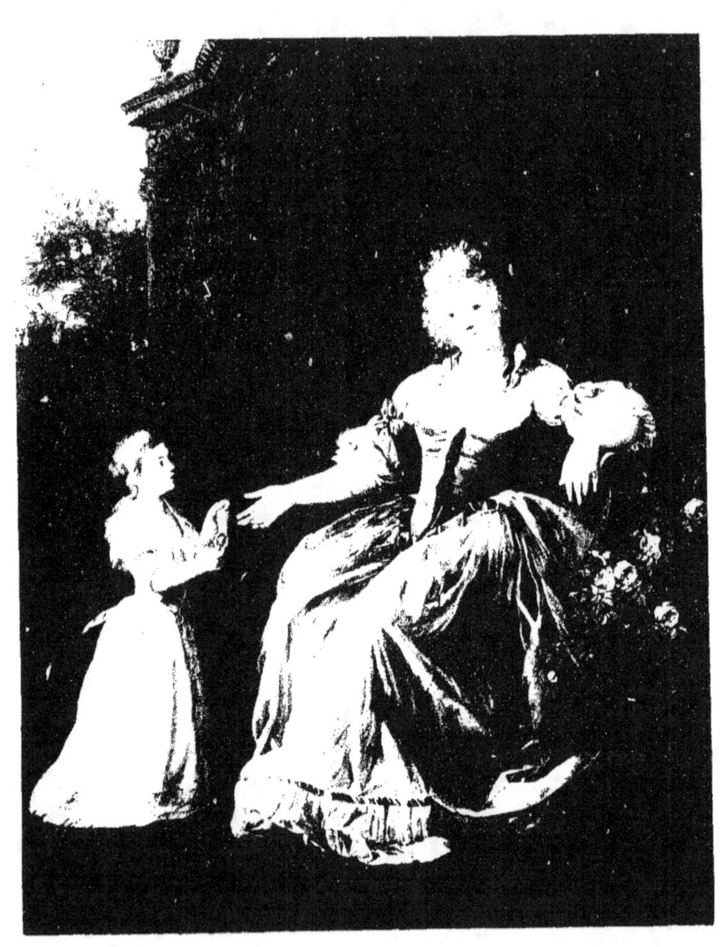

VESTIER (Antoine)?

(1740-1824)

3. — *Le Souvenir*.

Une jeune femme assise sous une tonnelle fleurie reçoit d'une enfant un portrait enchâssé dans un bracelet.

Gracieuse composition rappelant les qualités de Greuze. La pâte en est solide et transparente, les draperies, négligées avec intention, sont glacées par des tons rompus qui font ressortir les chairs et s'harmonisent admirablement avec elles.

Cadre en bois sculpté et doré.

Toile. H. 0,80. — L. 0,65.

IMPRIMÉ

PAR

PHILIPPE RENOUARD

19, rue des Saints-Pères

PARIS

CARTE D'ENTRÉE

A L'EXPOSITION PARTICULIÈRE

DE

Tableaux de l'École Française

du XVIIIe Siècle

ŒUVRES DE

Hubert **ROBERT** et Antoine **VESTIER**

HOTEL DROUOT, SALLE N° 10

Le Vendredi 9 Mai 1902, de 1 h. 1/2 à 6 h.

Me **MAURICE DELESTRE**, Commissaire-Priseur, 5, rue Saint-Georges

VENTE
DU
Samedi 10 Mai 1902

HOTEL DROUOT — SALLE N° 10

à quatre heures précises

Exposition publique 2 h. avant la vente

✠

1. — ROBERT (Hubert). *L'Abreuvoir.*

2. — ROBERT (Hubert). *Le Galant imprudent.*

3. — VESTIER (Antoine ? *Le Souvenir.*

CONDITIONS DE LA VENTE

L'exposition mettant le public à même de se rendre compte de l'état des tableaux, aucune réclamation ne sera admise une fois l'adjudication prononcée.

Les acquéreurs paieront 10 p. 100 en sus de l'adjudication.